Marruecos

Julie Murray

Abdo PAÍSES Kids

Abdo Kids Jumbo es una subdivisión de Abdo Kids
abdobooks.com

abdobooks.com

Published by Abdo Kids, a division of ABDO, P.O. Box 398166, Minneapolis, Minnesota 55439.

Printed in China

052025

092025

THIS BOOK CONTAINS RECYCLED MATERIALS

Spanish Translator: Maria Puchol

Photo Credits: Alamy, Getty Images, Shutterstock, ©Ian p7 / CC BY-SA 4.0

Production Contributors: Teddy Borth, Jennie Forsberg, Grace Hansen
Design Contributors: Laura Graphenteen, Candice Keimig

Library of Congress Control Number: 2024949827

Publisher's Cataloging-in-Publication Data

Names: Murray, Julie, author.

Title: Marruecos/ by Julie Murray;

Other title: Morocco. Spanish

Description: Minneapolis, Minnesota: Abdo Kids, 2026. | Series: Países | Includes online resources and index

Identifiers: ISBN 9798384906599 (lib.bdg.) | ISBN 9798384907152 (ebook)

Subjects: LCSH: Morocco--History--Juvenile literature. | Africa--Juvenile literature. | Africa--History—Juvenile literature. | Morocco--Social life and customs--Juvenile literature. | Geography--Juvenile literature. | Spanish language materials--Juvenile literature.

Classification: DDC 964.0--dc23

Contenido

Marruecos 4

Historia 6

Ciudades 10

Comida 16

Naturaleza 18

Lugares emblemáticos 22

Glosario 23

Índice 24

Código Abdo Kids 24

Marruecos

Marruecos está en el noroeste de África. Lo rodean dos países y dos masas de agua. Allí viven más de 37 millones de personas.

Europa
océano
Atlántico
España
estrecho
de Gibraltar
mar de Alborán
Morocco
Algeria
Sáhara
Occidental
África

Historia

El primer estado de Marruecos se fundó en el año 788 de la era común. Desde entonces ha sido gobernado por muchas **dinastías** diferentes.

Hoy en día, Marruecos es una **monarquía** y tiene **parlamento**.

Palacio Real
Fez, Marruecos

Ciudades

La capital es Rabat. Es una ciudad muy rica **cultural** e históricamente. Tiene preciosas construcciones y muchos parques y jardines.

Rabat
Marruecos

La ciudad más grande de Marruecos es Casablanca. Tiene una población de más de tres millones de personas. Es el principal **puerto** y centro de negocios del país.

Casablanca
Marruecos

A Marrakech se la conoce como la “ciudad roja”. Sus edificaciones son de color rojo y resaltan con el sol. Es famosa por sus zocos. ¡Estos mercados están repletos de productos!

Marruecos
Marrakech
LE SOUK PRINCIPAL DE TAPIS
LA VENTE AUX ENCHERES

Naturaleza

En Marruecos hay montañas, llanuras y desiertos. Dos cadenas montañosas atraviesan el país, con sus anchas planicies en el medio. Esto les proporciona un gran espacio para cultivar.

El desierto del Sáhara es el desierto más grande del mundo. Recorre las fronteras del este y sur del país. Recibe muy poca lluvia y tiene altas temperaturas. Solo algunos animales especiales pueden sobrevivir en él.

lagarto de cola espinosa de Marruecos

dromedario o camello arábigo

fénec o zorro del desierto

Lugares emblemáticos

Chauen
Chauen, Marruecos

dunas del desierto del Sáhara
sur de Marruecos

Jemaa el-Fnaa
Marrakech, Marruecos

el Rif
norte de Marruecos

Glosario

cultura – características de un grupo particular de personas con el mismo idioma, costumbres, ideas y arte.

dinastía – varios gobernantes sucesivos de la misma familia o grupo.

lentejas – semillas planas y redondas, que produce la planta herbácea de la lenteja. Se usan como alimento.

monarquía – forma de gobierno donde el poder lo tiene un rey, reina o gobernante con título similar. Ese poder puede ser amplio o puede estar limitado.

parlamento – parte del gobierno que crea las leyes.

puerto – lugar cerca de la ciudad o pueblo donde los barcos cargan y descargan.

Índice

África 4
animales 20
arquitectura 10, 14
bebida 16
Casablanca 12
comida 16
cultivo 18
desierto del Sáhara 20
especias 16
geografía 4, 18, 20
gobierno 8
historia 6, 10
Marrakech 14
población 4, 12
Rabat 10
zoco 14

Abdo Kids ONLINE
FREE! ONLINE MULTIMEDIA RESOURCES

¡Visita nuestra página **abdokids.com** para tener acceso a juegos, manualidades, videos y mucho más!

Los recursos de internet están en inglés.

Usa este código Abdo Kids

CMK0719

¡o escanea este código QR!